AF231754

In 2. 18662.

OBSÈQUES

DE

MADAME MARIE-LOUISE SCHERDLIN

NÉE KLEIN.

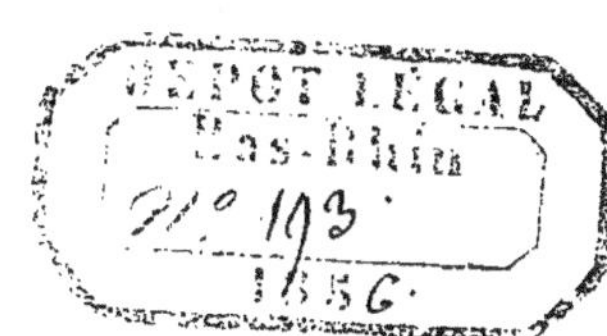

31 JUILLET 1824. — 22 FÉVRIER 1856.

STRASBOURG, IMPRIMERIE DE G. SILBERMANN.

NOTICE.

1824-1856.

La mort vient de nous plonger dans un deuil profond.

Mme Marie-Louise Scherdlin née Klein, dont nous déplorons la perte, naquit à Romanswiller (Bas-Rhin), le 31 juillet 1824.

La tombe s'étant refermée sur cette respectable femme, enlevée soudainement à l'affection des siens et de ses nombreux amis, qui ont appris, presqu'à la fois, à peu d'heures de distance, la foudroyante nouvelle de sa grave maladie et de sa fin, qu'il nous soit permis de rappeler quelle fut sa vie; c'est un hommage que nous lui devons.

Privée de bonne heure de ses père et mère, qu'elle aimait éperduement, elle leur voua, jusqu'à sa dernière heure, le culte filial le plus touchant. Jeune encore, Mme Scherdlin se faisait remarquer, parmi toutes les personnes de son âge, par les grâces de son esprit, son humeur égale, inaltérable et l'exquise bonté de son cœur, qualités qui l'ont distinguée pendant toute sa vie et qui lui ont valu l'affection et la vénération de tous ceux qui ont eu le bonheur de la connaître.

Elle vint à Strasbourg en 1840, forte, robuste et florissante de santé; sa franchise, l'aménité de ses manières, la douce expression de son regard mélancolique et attrayant, les qualités du cœur qu'elle joignait à l'une de ces physionomies heureuses, faites pour captiver de prime abord, lui valurent bientôt la respectueuse estime de ses nouveaux concitoyens; le souvenir de son caractère bienveillant restera toujours gravé dans le cœur de ses amis, dont les regrets et l'émotion sont unanimes.

Pendant les dix années qui précédèrent son mariage, son infatigable activité avait été tellement mise à l'épreuve, que de l'abus qui en fut fait, sa santé éprouva une rude et irréparable atteinte.

Elle se maria le 22 avril 1851.

Il était permis alors d'espérer que les soins dont elle allait être l'objet, auraient un heureux résultat.

Le souverain Maître de nos destinées en avait décidé autrement.

Cette union, qui fut on ne peut mieux assortie, devint pour notre chère défunte la source d'une félicité dont elle-même ne cessait de rendre grâces à Dieu; nous ne pensons pas qu'il s'en trouve beaucoup qui aient jamais présenté une image aussi complète du bonheur domestique, que celle de cet intérieur où le plus parfait accord n'a jamais cessé de régner.

Ce bonheur, toutefois, devait avoir un proche terme et être détruit subitement.

Le mal dont Mme Scherdlin était atteint, tout inquiétant qu'il fut, ne devait point nous faire prévoir une mort prochaine.

Il fit tout à coup des progrès effrayants, le danger devint imminent, il fallait s'attendre à une catastrophe.

Notre malade, qui, comme nous, n'a connu la gravité de sa situation que peu de moments avant de rendre son âme à Dieu, se résigna et eut la force de cacher la visible douleur que lui causait une terrible séparation pour ne point affliger ceux qui l'entouraient. L'ange de la mort a séparé sans douleur et sans angoisse son âme immortelle de son enveloppe terrestre; le Seigneur, qui ne lui accorda qu'une vie de trente et un ans six mois et vingt-deux jours, lui a fait la grâce de la rappeler dans son sein après une courte maladie de deux jours. Elle est morte d'une mort douce et calme en s'endormant en paix, le vendredi 22 février dernier, à trois heures moins vingt minutes du soir.

Profondément pénétrée des vérités évangéliques, elle y a puisé cette piété éclairée, cette douceur, cette inaltérable bonté, cette modestie, cette noble simplicité dont elle a été un admirable modèle.

A son tour elle est devenue une source de bénédictions et un objet de vénération pour tous ceux qui l'entouraient.

Que son âme en soit récompensée au séjour de la félicité éternelle!

L'épouse que nous pleurons a été pour nous l'objet d'un pieux respect et d'une vive affection; sa vie, cachée en Dieu, fut toute de piété, de foi et de vertu; elle était serviable comme on ne l'est guère de nos jours, et s'était appliquée à remplir les préceptes de son Dieu et de son Sauveur, en répandant autour d'elle les consolations et en arrosant de ses propres larmes le pain de charité qu'elle rompait avec le pauvre. Dieu a rappelé à lui cette femme bien aimée, modèle de toutes les vertus, cette amie dévouée, cette chrétienne qui, pendant la courte carrière qu'il lui a été permis de parcourir, a pratiqué, avec une fidélité inaltérable et une parfaite abnégation, tout ce qui est prescrit par l'Évangile.

Sous le poids de la vive douleur que lui cause cette perte, M. Scherdlin trouve une douce consolation dans l'affection des siens et des nombreux amis qui lui ont voué un attachement sincère et qui, avec lui, pleurent son malheur.

Il n'attend plus que le moment où, à son tour, il lui sera permis de quitter cette vallée de larmes et de misères pour rejoindre celle qui lui fut ravie si tôt!

Mme Scherdlin a toujours désiré reposer au cimetière Sainte-Hélène, dans la tombe de la mère de son époux, qu'elle aimait tant sans l'avoir connue.

Son vœu a été rempli.

Ses restes mortels sont réunis à ceux d'une digne femme, d'une épouse dévouée, d'une tendre mère, ravie, hélas! trop tôt aussi à l'affection des siens, et dont la mort, prématurée et inattendue, causa d'universels regrets.

(Mme Marie-Madeleine Scherdlin mère, née le 28 janvier 1789, est décédée le 12 février 1830.)

Lorsqu'une de ces existences rares et nobles disparaît, ou qu'une vie pure comme celle-ci finit bien comme elle a bien commencé, dans ces cas exceptionnels la vie humaine est comme une œuvre accomplie.

L'esprit se calme, se console, s'élève en la contemplant, et l'on est saisi d'une irrésistible sympathie pour ceux autour desquels se fait un vide immense, et ce tribut de sympathie publique devient peut-être, pour eux qui ont été si cruellement éprouvés, la source, non pas d'une consolation, mais d'un adoucissement à de légitimes douleurs.

Que Dieu nous accorde la grâce, lorsque nous serons rappelés de cette existence, de mourir un jour comme elle, entourés de respect et d'amour et avec la douce conscience d'avoir fidèlement accompli notre vocation et de la retrouver dans les demeures célestes où elle nous a précédés.

« Heureux sont, dès à présent, les morts qui meurent
« au Seigneur !

« Oui, dit l'Esprit, car ils se reposent de leurs tra-
« vaux et leurs œuvres les suivent ! »

24 FÉVRIER 1856.

Le malheur arrivé à M. le pasteur Braunwald, de l'église Saint-Thomas, nous empêché de reproduire les discours prononcés à la maison mortuaire et sur la tombe; nous devons nous borner à en donner le texte.

Évangile de saint Jean, chapitre 9 verset 4 :

« Pendant qu'il est jour, il me faut faire les œuvres «de celui qui m'a envoyé; la nuit vient, dans laquelle «personne ne peut travailler. »

Épître aux Romains, chapitre 8 verset 28 :

« Or, nous savons que toutes choses concourent en-«semble au bien de ceux qui aiment Dieu, *savoir* à «ceux qui sont appelés, selon le dessein qu'il *en avait* «*formé.* »

PAROLES

PRONONCÉES AU CIMETIÈRE SAINTE-HÉLÈNE

PAR

UN AMI DE LA DÉFUNTE,

LE 24 FÉVRIER 1856.

MESSIEURS,

Si je prends la parole sur cette tombe pour dire un dernier adieu à une personne qui nous fut chère à tous, je cède tout d'abord à un besoin du cœur. Il ne m'a pas été donné, comme j'aurais voulu pouvoir le faire, d'assister aux derniers moments de celle que nous pleurons.

Quand, la veille du jour où Dieu l'a appelée à lui, j'ai voulu encore lui serrer la main, sa faiblesse était si grande et ses douleurs si vives que l'ardent désir que j'avais de la voir une dernière fois, n'a point pu être accompli.

Ce n'est donc qu'ici, en face de ce cercueil et devant cette tombe ouverte, au milieu d'amis éplorés que je puis payer ma dette d'amitié et d'affection fraternelle à celle que depuis longtemps j'avais appris à estimer et à aimer.

Mais ce n'est point en mon nom seulement qu'il m'est permis de parler à présent.

Ne vous sentez-vous pas pressés de vous joindre à moi, de mêler vos regrets et vos pleurs aux miens?

Dois-je rappeler les souffrances de tout genre que Mme Scherdlin a supportées depuis le jour où elle a senti les premiers symptômes de la maladie qui nous l'a enlevée; ces anxiétés, cette lutte, cette longue agonie à un âge où, dans le cours ordinaire des choses, la vie est calme et sereine?

Cela suffirait pour éveiller notre intérêt et nos sympathies.

Mais pour nous, qui l'avons connue, qui l'avons vue dans sa vie intime, si dévouée, si simple, si modeste, notre douleur est plus profonde, nos regrets sont plus amers. Nous avons pu apprécier ses belles qualités, sa douceur, sa bienveillance, la droiture de son cœur, sa constante fermeté et sa résignation au milieu des souffrances. Nous l'avons vue, épouse aimante et dévouée, entourer d'affection et de soins touchants celui auquel Dieu l'avait donnée pour compagne.

En voyant ces doux liens brisés, l'espoir de jours calmes et heureux anéanti, pouvons-nous nous empêcher de nous écrier : Pourquoi si tôt a-t-elle été enlevée à son époux et à tous ceux qui l'aimaient?

Mais ici nos pensées se reportent sur celui qui est le Maître de la vie et de la mort. En songeant aux douleurs qui ont rempli la vie de Mme Scherdlin, nous nous rappelons que Dieu frappe et châtie ceux qu'il aime.

En reportant nos pensées sur les qualités du cœur

que nous trouvions en elle, nous entendons une voix
s'élever en nous qui nous parle d'une vie à venir, où
nous retrouverons ceux que nous avons aimés, d'une
voix qui nous dit : « Ne pleurez point trop sur celui qui
« est mort, car il est entré dans le repos.

« Que la paix où il est entré apaise en vous le regret
« que vous avez de sa mort, et consolez-vous de ce que
« son esprit s'est séparé du corps. »

Oui, elle est entrée dans le repos du Seigneur. Nous
ne la verrons plus au milieu de nous ; mais le souvenir
de cette âme aimante et dévouée, l'image de ses vertus
resteront profondément gravés dans nos cœurs.

Nous savons que ce n'est pas à tout jamais qu'elle
nous a quittés ; mais qu'un jour nous serons réunis à elle
dans un monde meilleur, où Dieu essuiera toute larme
de nos yeux, où la mort ne sera plus et où il n'y aura
plus de deuil.

C'est là notre foi, Messieurs, c'est en Dieu qu'est
notre force, notre appui, notre consolation.

Ne la cherchons point ailleurs. Qu'il veuille fortifier
nos cœurs, qu'il veuille consoler et soutenir notre ami
si cruellement éprouvé et répandre la paix dans son
cœur. Qu'il fasse que nous tous nous écoutions l'appel
sérieux qu'il nous adresse aujourd'hui et que nous per-
sévérions dans la bonne voie jusqu'au jour où nous-
mêmes nous serons appelés à paraître devant lui. Amen.